Das Ultimative *Elefanten* Buch für Kids

100+ verblüffende Elefanten Fakten, Fotos & Mehr

Jenny Kellett

BELLANOVA
MELBOURNE · SOFIA · BERLIN

Copyright © 2023 by Jenny Kellett

Elefanten-Bücher: Das Ultimative Elefanten Buch für Kinder

www.bellanovabooks.com

ISBN: 978-619-264-046-0

Imprint: Bellanova Books

Alle Rechte vorbehalten. Kein Teil dieses Buches darf ohne schriftliche Genehmigung des Autors in irgendeiner Form elektronisch oder mechanisch vervielfältigt werden, auch nicht durch Fotokopieren, Aufzeichnen oder Speichern und Abrufen von Informationen.

INHALT

Einleitung 4

Elefanten Arten 6

Afrikanischer Savannenelefant 8

Afrikanischer Waldelefant 12

Asiatischer Elefant 16

Elefanten Fakten 20

Schutz 76

Quiz 80

Antworten 85

Wortsuche 86

Lösung 88

Quellen 89

EINLEITUNG

Es ist schwer, die riesigen Elefanten nicht zu lieben! Aber wie viel weißt du wirklich über dein Lieblingstier? Keine Sorge, du wirst im Handumdrehen zum Elefantenexperten!

In diesem Buch erfährst du über 100 erstaunliche neue Dinge über das größte Landsäugetier der Welt. Dann teste dein Wissen im Quiz.

Bist du bereit? *Los geht's!*

Ein Afrikanischer Elefant.

DAS ULTIMATIVE ELEFANTEN-BUCH

ELEFANTEN ARTEN

Elefanten gehören zu den majestätischsten und faszinierendsten Lebewesen der Erde! Wusstest du, dass es eigentlich drei verschiedene Arten von Elefanten gibt?

Leider sind alle drei Elefantenarten vom Aussterben bedroht und von Lebensraumverlust und Wilderei bedroht. Aber wir können unseren Teil dazu beitragen, diese erstaunlichen Kreaturen zu schützen.

Schauen wir uns die Unterschiede zwischen ihnen genauer an.

Ein Asiatischer Elefant.

AFRIKANISCHER SAVANNENELEFANT

Der Afrikanische Savannenelefant, Afrikanischer Steppenelefant oder auch Afrikanischer Buschelefant genannt **(Loxodonta africana)**, ist der Gigant unter den Elefanten! Sie können bis zu 10 Tonnen wiegen und sind die größten Landtiere der Erde. Du erkennst sie an ihren riesigen Ohren, die sie an heißen Tagen wie eine Klimaanlage zur Abkühlung nutzen.

Sie leben in 37 verschiedenen afrikanischen Ländern: südlich der Sahara, darunter Uganda, Tansania, Kenia und Sambia.

Afrikanische Buschelefanten leben gerne in einer Vielzahl von Lebensräumen, darunter Wälder, Grasland, Feuchtgebiete und landwirtschaftliche Flächen.

Sie sind nicht gerne allein. Diese Art ist sehr sozial und lebt in kleinen Gruppen oder Herden von Bullen oder Kühen.

Afrikanische Buschelefanten sind faltiger als afrikanische Waldelefanten, was ihnen hilft, das dringend benötigte Wasser in der Nähe ihrer Haut zu speichern. Sie haben große, lange Stoßzähne, die sehr stark sind

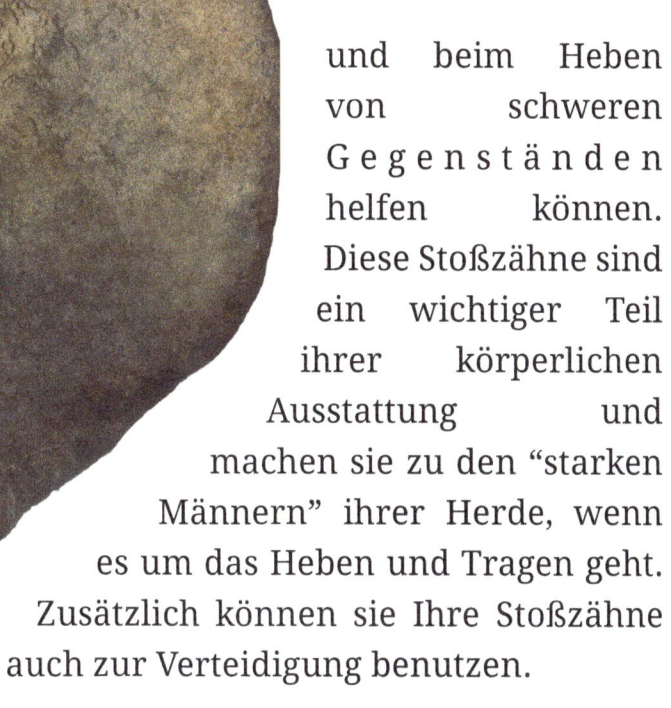

und beim Heben von schweren Gegenständen helfen können. Diese Stoßzähne sind ein wichtiger Teil ihrer körperlichen Ausstattung und machen sie zu den "starken Männern" ihrer Herde, wenn es um das Heben und Tragen geht. Zusätzlich können sie Ihre Stoßzähne auch zur Verteidigung benutzen.

Der afrikanische Buschelefant wird auf der Roten Liste der IUCN (International Union for Conservation of Nature) als gefährdet geführt, was bedeutet, dass er wahrscheinlich aussterben wird, wenn sich nichts ändert.

AFRIKANISCHER WALDELEFANT

Afrikanische Waldelefanten **(Loxodonta cyclotis)** sind eine Unterart des Afrikanischen Elefanten und kommen in den dichten Regenwäldern Zentral- und Westafrikas vor.

Sie sind kleiner als ihre Vettern aus der Savanne und haben gerade, nach unten gerichtete Stoßzähne, die zum Fällen von Bäumen und zum Abziehen der Rinde verwendet werden. Ihre Haut hat eine rötlichere Farbe, sie haben kleinere Ohren und eine rundere Stirn.

Im Gegensatz zum afrikanischen Buschelefanten sind sie schwer zu erforschen und zu fotografieren, da sie sehr scheu sind. Sie leben in eng verbundenen Familiengruppen, die von Matriarchinnen geführt werden, und verbringen die meiste Zeit tief im Wald, wo sie eine wichtige Rolle bei der Gestaltung des Waldökosystems spielen. Eine Matriarchin ist das älteste weibliche Familienmitglied oder Mitglied eines Familienverbandes, das als Familienoberhaupt die größte Autorität und Respekt besitzt.

Leider sind Afrikanische Waldelefanten **stark gefährdet**. In den letzten zehn Jahren ist ihr Artbestand um über 60%, aufgrund von Lebensraumverlust und Wilderei auf ihre wertvollen Elfenbeinstoßzähne, zurückgegangen. Wenn wir nichts unternehmen, um sie zu retten, könnten sie für immer verschwinden.

ASIATISCHER ELEFANT

Der Asiatische Elefant **(Elephas maximus)**, auch als Indischer Elefant bekannt, ist eine Elefantenart, die nur in Asien vorkommt. Er ist das größte Landtier in Asien und kleiner als der Afrikanische Elefant. Sie sind normalerweise grau und haben im Vergleich zum Afrikanischen Elefanten kleinere Ohren.

Sie sind auch dafür bekannt, dass sie an der Spitze ihres Rüssels einen charakteristischen, fingerähnlichen Anhang haben, der zum Greifen und Bewegen von Objekten verwendet wird.

Asiatische Elefanten leben in einer Vielzahl von Lebensräumen, darunter Regenwälder, Grasländer und Feuchtgebiete. Sie sind in 13 Ländern Asiens zu finden, darunter Indien, Sri Lanka, Indonesien und Malaysia.

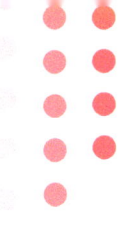

Sie sind Pflanzenfresser und ernähren sich von einer Vielzahl von Pflanzen, darunter Gräser, Früchte und Baumrinde.

Asiatische Elefanten sind soziale Tiere und leben in Herden, die von einem dominanten Weibchen, der sogenannten Matriarchin, angeführt werden. Sie haben eine komplexe Sozialstruktur und verwenden eine Vielzahl von Lauten, wie zum Beispiel das Quietschen oder Trompeten, um miteinander zu kommunizieren.

Asiatische Elefanten gelten als **gefährdete** Tierart mit einer geschätzten Population von etwa 35.000 bis 50.000 Tieren in freier Wildbahn. Der Verlust ihres Lebensraums, die Wilderei, wegen ihrer Elfenbeinstoßzähne und Konflikte zwischen Menschen und Elefanten bedrohen ihr Überleben.

Elefanten sind für ihre lange Lebensdauer bekannt. In freier Wildbahn können sie über 70 Jahre alt werden. In Gefangenschaft können Elefanten sogar noch länger leben, da sie vor Raubtieren und Krankheiten geschützt sind.

• • •

So wie Menschen Links- oder Rechtshänder sind, ziehen Elefanten einen Stoßzahn dem anderen vor.

Wenn es um den Herzschlag geht, sind Elefanten der Inbegriff von Ruhe und Beständigkeit. Ihre Herzfrequenz liegt bei 27 Schlägen pro Minute. Zum Vergleich: Die Herzfrequenz eines Kanarienvogels liegt bei 1.000 Schlägen pro Minute.

• • •

Elefanten sind die einzigen Säugetiere, die nicht springen können. Überrascht dich das?

• • •

Die Haut eines Elefanten ist 2,5 cm dick.

Ein Afrikanischer Elefant.

Obwohl Elefanten schlecht sehen können, haben sie einen sehr guten Geruchssinn.

Elefanten machen ein Geräusch, das dem Schnurren einer Katze ähnelt. Diese tieffrequenten Geräusche sind für Menschen nicht hörbar, können aber lange Strecken durch den Boden zurücklegen und von den Füßen und Rüsseln anderer Elefanten aufgenommen werden.

• • •

Die Stoßzähne der Elefanten werden für viele Dinge verwendet, z. B. zum Heben von Gegenständen, zum Graben nach Wasser und zum Schutz vor Angreifern.

• • •

Es gibt mehr als 40.000 Muskeln im Rüssel eines Elefanten! Diese Muskeln verleihen dem Rüssel viel Kraft und Flexibilität.

Elefanten sind sehr freundlich - oft wickeln sie ihren Rüssel um den Rüssel eines anderen Elefanten, um ihn zu umarmen.

• • •

Hast du schon einmal gesehen, wie ein Elefant seinen Rüssel hin und her und auf und ab bewegt? Sie tun dies, um ihren Geruchssinn zu verbessern.

• • •

Elefanten haben die längsten Schwangerschaften aller Tiere. Von der Empfängnis bis zur Geburt sind es 22 Monate!

Der Rüssel eines Elefanten kann viele coole Dinge tun. Er kann die Größe, Form und Temperatur eines Gegenstandes wahrnehmen. Sie können mit ihrem Rüssel auch Nahrung aufnehmen und Wasser aufsaugen, das sie dann in den Mund nehmen.

. . .

Elefanten sind hervorragende Schwimmer, die ihren Rüssel als Schnorchel benutzen, um im Wasser zu atmen. Diese Fähigkeit ermöglicht es ihnen, Flüsse, Seen und andere Gewässer mühelos zu überqueren, um Nahrungsquellen zu erreichen und vor Raubtieren zu fliehen, die nicht schwimmen können.

Trotz ihrer Größe können Elefanten dank der Polsterung an ihren Füßen fast lautlos gehen.

• • •

An einem einzigen Tag kann ein Elefant 300 Liter Wasser trinken!

• • •

Elefanten sind sehr intelligent. Sie sind dafür bekannt, dass sie ein gutes Gedächtnis haben, gute Problemlösungsfähigkeiten besitzen und Werkzeuge zu benutzen können.

Ein Afrikanischer Elefant und ihr Kalb.

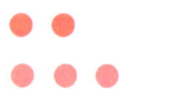

Der Elefant ist das Nationaltier Thailands.

• • •

Der Rüssel eines Elefanten kann bis zu 7,5 Liter Wasser auf einmal aufnehmen.

• • •

Ein Backenzahn eines Elefanten kann bis zu 5 kg wiegen!

• • •

Elefanten sind die größten Landsäugetiere der Welt. Ausgewachsene Männchen werden bis zu 4 Meter groß und wiegen zwischen 5.500 und 6.600 kg.

Ein Afrikanischer Elefant.

Ein Afrikanischer Elefant.

Elefanten können Wasser aus einer Entfernung von 5 km riechen!

• • •

Die durchschnittliche Gehgeschwindigkeit eines Elefanten liegt bei 5-6 km/h. Allerdings können Afrikanische Elefanten im Notfall bis zu 40 km/h schnell laufen!

• • •

Elefanten besitzen das größte Gehirn aller Landtiere und eines der größten aller Tiere. Das Gehirn eines erwachsenen Elefanten wiegt rund 5 kg, was etwa 2,5-mal größer ist als das eines Menschen!

Elefanten verbringen 16 Stunden am Tag mit Fressen!

• • •

Elefantenkälber (Babyelefanten) saugen oft an ihrem eigenen Rüssel, um sich zu beruhigen, so wie Menschen an ihren Daumen lutschen.

• • •

Elefanten haben große Ohren, die sie für viele Zwecke nutzen, unter anderem, um sich selbst zu kühlen. Wenn es Elefanten zu heiß ist, schlagen sie mit den Ohren, um eine Brise zu erzeugen, die ihre Blutgefäße im Ohr kühlt, was wiederum ihren gesamten Körper abkühlt.

Ein Asiatischer Elefant.

Die Rüssel von Elefanten wachsen ihr ganzes Leben lang weiter.

• • •

Elefanten haben keine natürlichen Feinde - nur der Mensch jagt sie.

• • •

Elefanten schlafen nur zwei Stunden am Tag.

• • •

Elefanten haben eine sehr empfindliche Haut - sie können sogar spüren, wenn eine Fliege auf ihnen landet.

Afrikanische Elefanten in ihrer natürlichen Umgebung.

Ausgewachsene männliche Elefanten werden Bullen genannt. Ausgewachsene weibliche Elefanten werden Kühe genannt.

• • •

Männliche Elefanten verlassen ihre Herde, wenn sie etwa 12-15 Jahre alt sind.

• • •

Elefanten sind Pflanzenfresser, was bedeutet, dass sie nur Pflanzen fressen. Sie können bis zu 136-272 kg Pflanzen pro Tag fressen, je nach Art der verfügbaren Pflanzenwelt.

• • •

Elefanten haben keine Schweißdrüsen.

Ein Asiatischer Elefant und ihr Kalb.

Elefanten leben normalerweise in engen sozialen Gruppen, den sogenannten Herden, die von einer Matriarchin angeführt werden.

• • •

Elefanten können sich im Spiegel erkennen - die meisten Tiere können das nicht.

• • •

Elefanten können einen Sonnenbrand bekommen, aber sie sind schlau und schützen ihre Haut, indem sie sich mit Sand bestreuen.

Ein Afrikanisches Elefantenkalb.

Elefanten wurden nicht immer so genannt. Vor dem 14. Jahrhundert nannte man sie "Olifanten".

• • •

Elefantenbabys werden von ihren Müttern, aber auch von anderen weiblichen Tieren in der Herde, versorgt - den sogenannten Tanten.

• • •

Elefanten bekommen in ihrem Leben 6 Mal neue Backenzähne.

• • •

Weibliche Elefanten bekommen ihr erstes Kalb in der Regel im Alter zwischen 10 und 20 Jahren.

Elefanten spielen eine wichtige Rolle im Ökosystem, indem sie durch ihr Fressverhalten dazu beitragen, Samen zu verbreiten und die Umwelt zu gestalten. Sie können Bäume fällen und durch dichtes Unterholz trampeln, um Wege für andere Tiere zu schaffen und das Wachstum neuer Vegetation (Pflanzenarten) zu fördern.

• • •

Die Stoßzähne eines Afrikanischen Elefanten können über 3 m lang werden! Die Länge und Größe der Stoßzähne eines Elefanten hängt jedoch sowohl von der Genetik als auch von der Ernährung ab.

< **Ein Afrikanischer Buschelefant.**

Der wissenschaftliche Name der afrikanischen Elefantenart ist **Loxodonta**.

• • •

Der wissenschaftliche Name des Asiatischen Elefanten ist Elephas Maximus.

• • •

Elefanten leben in freier Wildbahn nur in Afrika und Asien.

• • •

Elefanten wiegen bei der Geburt zwischen 54 und 75 kg.

Ein Afrikanisches Elefantenkalb.

Männliche Elefanten durchlaufen sogenannte "Musth"-Zustände, kurze Phasen des Wahnsinns während ihrer Pubertät. Während der Musthperiode produziert ein männlicher Elefant 40- bis 60-mal mehr Testosteron als normal, was zu Aggressionen führen kann.

• • •

Weibliche Elefanten bekommen im Regelfall keine Kälber mehr, wenn sie 50 Jahre alt sind.

Es ist äußerst selten, dass Elefanten Zwillinge bekommen; sie haben normalerweise nur ein Kalb auf einmal.

• • •

Wenn ein Elefant stirbt, trauert der Rest seiner Herde. Sie sitzen dann oft tagelang bei dem/der Verstorbenen.

• • •

Elefanten verdauen ihre Nahrung nicht besonders gut - in ihrem Kot befinden sich oft ganze Pflanzen und Zweige!

Eine Herde Afrikanischer Elefanten.

Obwohl Elefanten im Allgemeinen sehr sanftmütige Tiere sind, sind sie dafür bekannt, dass sie Menschen angreifen, wenn sie provoziert werden.

Elefantenkälber sind bei der Geburt fast völlig blind. Sie verlassen sich auf die Eltern und ihren Rüssel, um sich zurechtzufinden.

• • •

In vielen asiatischen Kulturen ist der Elefant ein Symbol der Weisheit.

• • •

Wenn ein Elefant wütend ist, wedelt er mit seinem Rüssel herum und wirft Schlamm in die Luft.

• • •

Elefanten gibt es seit über zwei Millionen Jahren auf der Erde.

Der älteste bekannte Elefant hieß Lin Wang und war ein Asiatischer Elefant, der in Taiwan lebte. Er wurde 1918 in freier Wildbahn geboren, 1951 eingefangen und in den Zoo von Taipeh in Taiwan gebracht. Dort verbrachte er den Rest seines Lebens und verstarb 2003 im Alter von 85 Jahren.

• • •

Asiatische Elefanten haben einen fingerähnlichen Fortsatz an der Spitze ihres Rüssels, der zum Festhalten von Gegenständen dient. Afrikanische Elefanten hingegen haben zwei "Finger".

Afrikanische Elefanten.

Afrikanische Elefanten.

Wenn sich eine Elefantenherde bedroht fühlt, bilden die erwachsenen Elefanten einen Schutzkreis um die Kälber.

• • •

Manchmal stützen Elefanten ihren Rüssel auf ihre Stoßzähne, weil dieser so schwer ist.

• • •

Im Durchschnitt produzieren Elefanten etwa 36 kg Kot pro Tag.

Die Ohren jedes Elefanten sind einzigartig - sie können zur Identifizierung verwendet werden, genau wie die Fingerabdrücke von Menschen.

• • •

In 13 südostasiatischen Ländern, darunter Indien und Thailand, leben rund 35.000 Asiatische Elefanten.

• • •

Elefanten gehen auf ihren Zehen.

• • •

Elefantenkälber haben Milchstoßzähne, die ausfallen, wenn sie etwa ein Jahr alt sind.

Ein Asiatischer Elefant in Thailand.

DAS ULTIMATIVE ELEFANTEN-BUCH

Den meisten weiblichen Asiatischen Elefanten wachsen keine Stoßzähne.

• • •

Wissenschaftler, die Elefanten studieren, werden Elefantologen genannt.

• • •

Elefanten und Menschen sind die einzigen bekannten Arten, die Todesrituale haben, wenn jemand stirbt.

Wenn ein einzelner Elefant sein letztes Gebiss verliert, stirbt er oft, da er nicht mehr in der Lage ist, Nahrung zu kauen und zu verzehren, was zum Verhungern führt. Elefanten, die Teil einer Herde sind, haben jedoch eine höhere Überlebenschance, da sie sich auf die Hilfe der anderen Herdenmitglieder verlassen können, um Nahrung zu finden und zu sammeln oder sie sogar für sie zu kauen.

• • •

Obwohl die meisten Elefanten fünf Zehen haben, haben sie nicht immer fünf Zehennägel - die meisten haben nur vier.

Afrikanische Elefanten.

Elefanten können im Stehen schlafen. Sie haben die einzigartige Fähigkeit, ihre Beine zu blockieren, sodass sie stehen bleiben können, während sie ein Nickerchen machen. Dies ist besonders nützlich für wilde Elefanten, da es ihnen ermöglicht, wachsam zu bleiben und auf potenzielle Bedrohungen zu reagieren, während sie sich ausruhen. Elefanten können auch im Liegen schlafen, aber normalerweise für kürzere Zeiträume.

• • •

Genau wie Menschen zeigen Elefanten eine große Bandbreite an Emotionen, darunter Trauer, Freude, Humor und Kooperation.

Eine Asiatische Elefanten Familie >

Ein Afrikanischer Elefant, der ein Zebra beobachtet.

Elefantenrüssel sind so empfindlich, dass sie einen einzelnen Grashalm auffangen können.

• • •

Elefanten sind berühmt für ihr erstaunliches Gedächtnis. Studien haben gezeigt, dass Elefanten andere Elefanten wiedererkennen können, die sie seit Jahrzehnten nicht mehr gesehen haben.

• • •

Elefantenkälber können ihren Rüssel nicht sofort benutzen, es dauert ein paar Monate, bis sie ihn komplett benutzen können.

Elefanten in freier Wildbahn verbringen einen großen Teil ihres Lebens damit, herumzulaufen. Elefanten in Zoos haben daher oft Probleme mit ihren Füßen.

• • •

Elefanten werden schon seit Tausenden von Jahren gezähmt. Genau wie Pferde werden Elefanten in vielen Kulturen zum Tragen schwerer Lasten und zur Beförderung von Menschen eingesetzt.

• • •

Je älter ein Elefant wird, desto weniger setzt er sich hin. Das liegt daran, dass es für sie viel schwieriger wird, wieder aufzustehen!

Ein Afrikanischer Elefant.

Ein Afrikanischer Elefant

Afrikanische Elefanten können eine breite Palette von Geräuschen machen, darunter Schnurren, Grunzen, Pfeifen, Quietschen und Trompeten.

• • •

Im Gegensatz zu dem, was die meisten Menschen denken, mögen Elefanten keine Erdnüsse.

• • •

Die engsten Verwandten des Elefanten sind die Hyrax/Schliefer, das Erdferkel und die Seekuh.

• • •

Fossile Aufzeichnungen zeigen, dass im Laufe der Geschichte über 170 verschiedene Elefantenarten auf der Erde gelebt haben.

Bis 2010 dachten Wissenschaftler, dass es nur zwei Elefantenarten gibt - Afrikanische und Asiatische Elefanten. Aber du weißt nun, dass es drei gibt: Asiatische, Afrikanische Wald- und Afrikanische Buschelefanten.

• • •

Wenn Elefanten mit ihren schweren Füßen Löcher im Boden hinterlassen, schaffen sie kleine Wasserlöcher für andere Tiere.

• • •

Im Hinduismus (einer Religion aus Indien) hat der Gott Ganesha einen Elefantenkopf. Ganesha steht für Intellekt und Weisheit.

Ein Asiatischer Elefant, der sich abkühlt.

Ein junger Asiatischer Elefant.

Wir alle wissen, dass Elefanten klug sind, aber wusstest du auch, dass sie zeichnen und Musikinstrumente spielen können?

Wenn Elefanten durch hohes Gras laufen, hilft das den Vögeln bei der Nahrungssuche, da sie kleine Reptilien und Insekten aufscheuchen.

Die Zunge eines Blauwals ist so groß und schwer wie die eines ausgewachsenen Afrikanischen Elefanten.

Elefanten gehören zu den wenigen Tieren, die an einem gebrochenen Herzen sterben können. Wenn die Matriarchin einer Herde stirbt, werden die verbleibenden Elefanten in der Herde oft sichtlich verzweifelt und hören auf zu fressen und zu trinken. Dies kann zu ihrem Tod führen, wenn sie nicht richtig versorgt werden.

• • •

Man kann die Größe eines Elefanten anhand der Größe seines Fußabdrucks bestimmen. Der Fußabdruck kann auch verwendet werden, um das Alter des Elefanten zu bestimmen.

• • •

Manche Elefanten schnarchen, wenn sie schlafen!

SCHUTZ DER ELEFANTEN

Leider haben Elefanten mit vielen Problemen zu kämpfen. Sie werden in alarmierendem Ausmaß wegen ihres Elfenbeins gewildert - Schätzungen zufolge werden jedes Jahr rund 20 000 Elefanten allein wegen ihrer Stoßzähne illegal getötet.

Dies hat zu einem massiven Rückgang der Elefantenpopulationen geführt. Die Zahl der Afrikanischen Elefanten ist allein in den letzten sieben Jahren um 30 % zurückgegangen, und die Zahl der Asiatischen Elefanten ist im letzten Jahrhundert um 50 % gesunken.

Und es ist nicht nur die Wilderei, auch die Zerstörung des Lebensraums ist ein großes Problem. Mit der zunehmenden Entwicklung und Ausbreitung des Menschen verlieren die Elefanten ihren natürlichen Lebensraum, und es wird immer schwieriger für sie, Nahrung und ein Zuhause zu finden.

Auch der Klimawandel macht ihnen das Leben immer schwerer. All diese Probleme haben dazu geführt, dass Elefanten auf der Roten Liste der IUCN als "gefährdet" eingestuft werden. Es liegt also an uns, alles in unserer Macht Stehende zu tun, um diese wunderbaren Tiere zu schützen.

WIE KANNST DU HELFEN?

Es gibt viele Möglichkeiten, wie du dazu beitragen kannst, die Zukunft der Elefanten zu schützen. Organisationen wie der **World Wildlife Fund** und die **African Elephant Specialist Group** setzen sich für die Erhaltung der Elefanten und ihrer Lebensräume ein. Du musst jedoch kein Wissenschaftler sein, um Elefanten zu helfen. Wir alle können dazu beitragen, diese erstaunlichen Kreaturen und ihren Lebensraum zu schützen.

DIES SIND NUR EINIGE DER MÖGLICHKEITEN, WIE DU HELFEN KANNST:

- Adoptiere einen Elefanten oder übernehme eine Patenschaft
- Sammel Geld für Elefantenschutzprojekte in deiner Gemeinde oder Schule
- Bitte bei besonderen Anlässen anstelle von Geschenken um Spenden für Elefantenschutzorganisationen in deinem Namen
- Verbreite das Bewusstsein über soziale Medien und kläre deine Freunde und Familie über die Herausforderungen auf, denen Elefanten ausgesetzt sind

Der **Internationale Elefantentag**, der am 12. August gefeiert wird, ist eine weitere hervorragende Gelegenheit, das Bewusstsein für diese Tiere zu schärfen und sie zu unterstützen.

ELEFANTEN-QUIZ

Teste jetzt dein Wissen in unserem Elefanten-Quiz! Die Antworten sind auf Seite 85.

1 Kannst du die drei Elefantenarten benennen?

2 Welche ist die größte Elefantenart?

3 Elefanten sind Fleischfresser. Richtig oder falsch?

4 Haben Elefanten ein besseres Sehvermögen oder einen besseren Geruchssinn?

5 Wie viel Wasser können Elefanten an einem Tag trinken?

6 Elefanten sind gute Schwimmer. Richtig oder falsch?

7 Wie viele Muskeln hat der Rüssel eines Elefanten?

8 Wie kühlen sich Elefanten ab?

9 Wie weit entfernt kann ein Elefant Wasser riechen?

10 Wie lange können Elefanten leben?

11 Wie hoch ist die durchschnittliche Gehgeschwindigkeit eines Elefanten?

12 Wie dick ist die Haut eines Elefanten?

13 Wie lange ist eine Elefantin schwanger?

14 Wann ist der Internationale Tag des Elefanten?

15 Welcher Hindu-Gott hat den Kopf eines Elefanten?

16 Was sind die engsten lebenden Verwandten des Elefanten?

17 Wie nennt man jemanden, der Elefanten studiert?

18 Wie wird eine Gruppe von Elefanten genannt?

19 Wie wurden Elefanten vor dem 14. Jahrhundert genannt?

20 Wie nennt man Babyelefanten?

ANTWORTEN

1. Afrikanischer Buschelefant, Afrikanischer Waldelefant, Asiatischer Elefant
2. Afrikanischer Buschelefant.
3. Falsch.
4. Der Geruchssinn.
5. 300 Liter.
6. Wahr.
7. Mehr als 40.000.
8. Indem sie mit den Ohren flattern.
9. Aus 5 Kilometer Entfernung.
10. Elefanten können über 70 Jahre alt werden.
11. 5-6km/h.
12. Sie ist 2,5 cm dick.
13. 22 Monate.
14. 12. August.
15. Ganesha.
16. Die Hyrax/Schliefer, das Erdferkel und die Seekuh.
17. Ein Elefantologe.
18. Eine Herde.
19. Die Elefanten.
20. Kälber.

Elefanten
WORTSUCHE

ß	B	U	S	C	H	D	Ä	D	B	N	R
E	Q	G	E	D	Ä	C	H	T	N	I	S
L	W	Z	X	C	J	H	F	S	E	F	O
E	A	F	R	I	K	A	N	I	S	C	H
F	U	S	Q	O	U	G	D	N	D	V	R
A	Y	U	I	N	J	G	D	S	M	S	E
N	T	Y	V	A	K	A	D	Z	C	V	N
T	E	R	S	S	T	O	ß	Z	A	H	N
K	A	F	N	V	C	I	Z	W	E	F	G
Q	A	T	R	R	Ü	S	S	E	L	J	J
Ü	Q	L	F	H	J	D	R	C	W	H	Y
E	C	V	B	M	J	H	F	D	H	Ä	R

Kannst du alle Wörter unten im Wortsuchrätsel links finden?

AFRIKANISCH   KALB   ELEFANT

ASIATISCH   RÜSSEL   OHREN

STOSSZAHN   BUSCH   GEDÄCHTNIS

LÖSUNG

	B	U	S	C					
E	G	E	D	Ä	C	H	T	N	I	S
L									O
E	A	F	R	I	K	A	N	I	S	C	H
F		S								R
A			I							E
N				A						N
T				S	T	O	ß	Z	A	H	N
K					I					
	A			R	Ü	S	S	E	L	
		L					C			
			B				H			

QUELLEN

"Elephant | Description, Habitat, Scientific Names, Weight, & Facts". 2023. Encyclopedia Britannica. https://www.britannica.com/animal/elephant-mammal.

"African Forest Elephant | Mammal". 2023. Encyclopedia Britannica. https://www.britannica.com/animal/African-forest-elephant.

"Asian Elephant | Species | WWF". 2023. World Wildlife Fund. https://www.worldwildlife.org/species/asian-elephant.

"Asian Elephants: Highly Intelligent Caretakers Of The Southeast Jungles | One Earth". 2023. One Earth. https://www.oneearth.org/species-of-the-week-asian-elephant/.

"African Savanna Elephant | Species | WWF". 2023. World Wildlife Fund. https://www.worldwildlife.org/species/african-savanna-elephant.

"Our Top 10 Facts About Elephants". 2023. WWF. https://www.wwf.org.uk/learn/fascinating-facts/elephants.

"13 Fascinating Facts About Elephants". 2023. Treehugger. https://www.treehugger.com/facts-change-way-see-elephants-4869315.

"10 Amazing Elephant Facts You Need To Know - United For Wildlife". 2023. United For Wildlife. https://unitedforwildlife.org/news/10-amazing-elephant-facts-need-know/.

"Home - Elephant Conservation Center". 2023. Elephant Conservation Center. https://www.elephant-conservationcenter.com/.

Buffalo, Built. 2023. "About Elephants | Elephant Conservation &Amp; Protection". Sheldrick Wildlife Trust. https://www.sheldrickwildlifetrust.org/about/species-we-protect-elephants.

Wir hoffen, du hast ein paar tolle Fakten über Elefanten gelernt! Welcher war dein Favorit?

Wir würden uns freuen, wenn du uns eine Bewertung hinterlässt!

Sie bringen uns immer zum Lächeln, aber was noch wichtiger ist, sie helfen anderen Lesern, bessere Kaufentscheidungen zu treffen.

AUCH VON JENNY KELLETT

... UND VIELE MEHR!

ERHÄLTLICH IN ALLEN BEKANNTEN ONLINE BUCHHANDLUNGEN

www.ingramcontent.com/pod-product-compliance
Lightning Source LLC
LaVergne TN
LVHW050133080526
838202LV00061B/6482